투명한 뼈

진동영 시집

시인동네 시인선 256   진동영 시집

투명한 뼈

시인동네

시인의 말

   한동안 마음이 아팠다. 뭉툭한 연필을 쥐고 종이에 무언가를 눌러쓰면 구내염의 하얀 환부를 혀로 핥는 것 같았다. 중지가 연필과 검지 손톱에 눌려 빨갛게 될 때까지 연필과 종이가 부딪는 소리를 듣고 있곤 했다. 당신을 생각하며 여기 그 소리의 일부를 옮겨 담았다. 한동안 당신이 아프지 않았으면 좋겠다.

2025년 7월
진동영

차례

시인의 말

제1부

은행나무 아래 · 13

한가운데 생 · 14

새조개 · 15

질문들 · 16

매미 · 18

초파리 · 19

거미의 집 · 20

베타 · 22

지렁이 · 23

호박넝쿨의 젠탱글(Zentangle) · 24

문어 · 26

개심사 · 27

화두 · 28

매미 2 · 30

새와 난간 · 31

수근관증후군(手筋管症候群) · 32

산책 · 34

풀빵 이야기 · 35

개기월식 · 36

천장(天葬) · 37

감자 파는 남자 · 38

리어카 · 40

폐업 · 41

오후의 농구장 · 42

제2부

귀가 · 45

한낮의 자판기 · 46

경계 · 47

춤 · 48

창(窓) · 50

개나리 · 51

간판 없는 분식집 · 52

잘못 든 길 · 54

은행나무의 밤 · 55

만우절 · 56

달밤 · 58

동대문 · 59

사춘기 · 60

엇박자 · 62

고추잠자리 · 63

큰 똥을 누는 꿈 · 64

커피 타임 · 66

자전거 집 · 67

황하 공갈빵 · 68

달콤한 인생 · 70

한 생의 낮잠 · 71

아버지의 방에서 · 72

채소 파는 여자 · 74

제3부

파꽃 · 77

초파일 · 78

옥수동 · 79

모기 · 80

딸기 · 81

금 · 82

쥐며느리들 · 83

득음 · 84

석류 · 85

전어 · 86

달과 가로등 · 87

외통수 · 88

밥때 · 89

유월 · 90

전생 · 92

환장 · 93

양지빌라 · 94

야생동물보호구역 · 95

더덕 까는 노인 · 96

벚꽃과 비닐봉지 · 97

엉겅퀴와 개미 · 98

해설 우리는 아무것도 알지 못하나이다 · 99
　　　임지훈(문학평론가)

제1부

은행나무 아래

 오백 년을 살았다는 저 은행나무 아래 오십을 갓 넘긴 듯한 사내가 담배를 피우고 있습니다. 들숨에 십 년 또 날숨에 십 년이 훌쩍 가버릴 듯한 눈을 하고 사내는 다리를 꼬고 서 있습니다. 사내의 입에서 뿜어져 나온 담배 연기는 나무 그늘 속에서 뿌옇게 퍼졌다가 이내 나뭇가지와 잎사귀 사이 어딘가로 느릿느릿 풀려나갑니다. 은행나무는 숨의 길이라도 세는 듯 나뭇잎을 활짝 펴고 까딱거리고 있습니다. 사내가 발을 비비는 바닥에는 겹쳐 내린 은행잎과 짓이겨진 은행이 더는 갈 곳 없이 쌓여 있습니다. 사내의 발에서 머리 위 저만치 높이 뻗은 나뭇가지까지의 거리, 나뭇잎 사이로 반짝이는 햇빛 같은 그 거리, 그 사이로 오래 속을 앓은 듯한 냄새가 물씬 피어오르고 있습니다.

한가운데 생

도로 중앙선 위에 등뼈를 곧추세운 고양이
점등하는 신호기를 바라보며 꼼짝 않고 서 있다
차 소리 취객들의 발자국 먼 잔향마저
숨죽인 안개로 낮게 출렁일 때
으르렁 소리 한번 없이
저 아닌 모든 것과 맞선
저 한가운데 생!

트럭 아래 웅크리고 있던 새끼 고양이
맞은편 자동차 그림자 속으로 사라질 때까지
형형한 눈빛으로 꼼짝 않고 서 있는
새끼에게조차 눈길 한번 안 주는

새조개

 새를 닮은 조개를 본 적이 있다. 갈매기가 날갯짓을 멈추고 떠가는 대천항 수산시장 큰 날개를 활짝 펼치고 굽은 부리를 길게 빼내며 새조개가 수조 저편으로 건너가고 있다. 내장을 다 내보이고 수관을 벌렁거리며 수조 소쿠리에 담긴 껍데기들 위를 넘어가고 있다. 박달대게가 다른 박달대게를 밟고 일어나 두 집게발을 치켜들고, 피문어가 몸을 틀어 그물코 밖으로 발끝을 내밀고, 넙치가 지느러미를 물결쳐 바닥 위로 떠오르고 있다. 계단식 수조 맨 꼭대기 층에서 까치상어가 수면 위로 고개를 내민다. 좌우로 흔드는 머리를 따라 수조에 가득 찬 물이 솨 벽을 넘어가고 있다. 층층이 차례로 넘쳐흐르는 물 형광등 불빛을 받아 수조 위로 물비늘이 반짝이고 있다.

질문들

비가 내리면 새들은 어디로 가는 것일까?

물웅덩이 위로 떨어지는 빗방울처럼 어디서 작은 부리로 비 오는 세상 건너편을 두드리고 있을까?

담벼락에 방울방울 맺힌 빗방울들은 다 어디로 가는 것일까?

제 몸 가득 비 갠 풍경을 오롯이 담고 그만 그 풍경 속으로 걸어 들어가는 걸까?

해 질 녘의 구름들은 어디로 몰려가는 것일까?

하루 치의 소진과 소멸의 빛이 빨려 들어가는 산등성이 너머로 망설임 없이 다음 생을 건너다보는 것일까?

눈을 깜빡이는 순간에 이 빛들은 다 어디로 가는 것일까?

한밤중 덜 닫힌 냉장고 문에서 나오는 불빛처럼 어둠 저편으로 간단없이 건너가고 있는 것일까?

누운 몸을 뒤척일 때 이불이 접혀 말리는 소리는 어디를 향해 가는 것일까?

취침 등의 불빛이 닿지 않는 사각지대 저 커튼 너머 완전한 어둠 속을 잰걸음으로 걸어가고 있을까?

매미

상수리나무에 매미 허물이 붙어 있다.
매미는 붉은 등을 열고 어딘가로 떠나고

곁을 두고
나무를 오르는 개미들

빛바랜 대청마루에 앉아 할머니
손톱깎이로 발뒤꿈치를 깎고 계신다.

굽은 발아래 하얗게
각질이 쌓여가고

나무 위에서 매미가
매미를 부르는 소리

손 비질로
한데 모으고 계신다.

초파리

빨래건조대 아래 초파리가 누워 있다.

어디서 날아왔는지
날개 한 쌍을 곱게 햇볕에 말리고 있다.

빨래건조대에 걸린 흰 셔츠 한 장
베란다 창을 넘어온 햇빛에
창 너머가 어렴풋이 비치고 있다.

널어두고 간 것들이 투명해지는 오후

가벼워진 몸이
옷 먼지와 함께 쓸리고 있다.

강화 마루 한 장에 날개 한 쌍
여한 없이 햇빛에 장사 지내겠다.

거미의 집

단풍나무와 가로등 사이에 거미의 집이 있다.

거미는 한 발짝도 나가지 않으려는 듯 다리에 잔뜩 힘을 준 채 집 한가운데서 꼼짝 않고 서 있다.

거미줄에 걸려 발버둥 치는 나방은커녕 거미줄로 친친 감아 놓은 하루살이 한 마리조차 없는 거미의 집

거미는 집과 하나가 된 듯 바람이 불면 거미줄과 함께 흔들렸다.

며칠째 꼼짝 않고 있는 거미
며칠째 자신하고만 있는 거미

기다리다 마침내 자신을 잊은 것인지
두 뼘 남짓한 이 집에 여덟 개의 다리를 두고
이미 다른 곳으로 건너간 것인지

점멸하는 가로등 아래
빛과 어둠 사이를 오가며
거미줄이 아스라이 반짝이고 있다.

베타*

어항 한구석 플라스틱 수초 아래 열대어가 모로 누워 있다. 오래 입어 보풀이 일어난 스웨터처럼 온몸의 비늘을 회색빛으로 세우고 있다.

흰 조약돌을 보는 듯 바닥으로 머리를 기울이고, 부력과 중력을 모두 잃어버린 듯 가만히 멈추어 지느러미를 물에 풀어놓고 있다. 작은 입과 아가미를 동시에 벌리고 몸속으로 드나드는 물을 다 받아들이고 있다.

물 밖으로 꺼내어 종이 위에 곱게 내려놓는다. 백지 위로 비리고 푸른 물이 느리게 자맥질하듯 번져나가고 있다.

---

*베타(Betta): 지느러미가 화려한 열대어의 한 종류.

지렁이

주차장 바닥에 지렁이가 말라붙어 있다
몸을 둥글게 말고 있다

몸에 난 주름을 따라
나선을 그리며

모기향처럼 타들어 가
오직 저에게 집중한 모양이다

온몸으로 땅을 밀며 한 줄씩 주름을 늘리며

어디서 와서 저의 끝 어디로 사라진 걸까

한나절 내내
흰 주차선 한 칸이 비어 있다

호박넝쿨의 젠탱글(Zentangle)[*]

주말농장 밭가에 울타리가 세워져 있다

울타리는 성긴 철망으로 짜여 있다

철망의 차안(此岸)과 피안(彼岸)을 넘나들며 마디 호박넝쿨이 애호박을 맺고 있다

크기와 모양이 제각각으로 꽃도 여기저기 부려 놓고 시든 잎은 또 얼마나 뒤로 하고 뻗어 올라갔던가

손바닥 같은 잎사귀를 넓게 펴고 울타리 위 끝까지 가본 호박넝쿨

높다란 철망 꼭대기 거기서 무엇을 보았을까

어쩌다 든 길에서 여기까지 왔다

철망을 지나 계분 냄새가 텁텁하게 건너오고 있다

까치가 자신이 낸 소리를 쫓아 비탈진 밭을 길게 활공하고 있다

---

*점, 선, 도형을 반복하여 그리는 그림으로 지우개를 사용하지 않는다.

문어

통발 안에서 문어가
문어를 뜯어먹고 있다.
둥그런 몸통 한쪽이 뜯긴
작은놈이 하얗게 질려 있다.
그물코 밖으로 뻗은 다리
빨판이 벌렁대고 있다.
끈적하고 비린 점액이
그물을 따라 맺혀 있다.
거친 숨을 내뱉으며
큰놈이 몸을 비틀고 있다.
검붉은 다리에 힘이 들어갈수록
그물이 팽팽해지고 있다.
희번덕거리는 눈알이
그물 뒤에서 돌아가고 있다.
몸통과 머리와 다리가
큰놈과 작은놈이 희붉은
한 덩어리가 되고 있다.

개심사

개심사 앞마당 연못 위에

배롱나무가 그림자를 드리우고 있네

제 그림자 위로 꽃잎을 떨구는 배롱나무

꽃 진 가지 위에 다시 분홍 꽃 피우고 있네

배롱나무 그림자 속으로 들어가는 잉어

지느러미 따라 배롱꽃 떠가고 있네

화두

땡깃대*가 오징어의 머리를 벌리고 있다.

울릉도 인쇄된 글씨가 머릿속에서 선명하다.

머리와 입과 속을 다 비우고

대나무 꼬챙이가 휘어지도록

한 단어만 남긴 오징어

하얗게 분이 일어난 몸 위로

실핏줄이 파랗게 비치고 있다.

비틀어진 열 개의 다리마다

염주 알을 줄줄이 꿰고 있다.

마르고 뒤틀린 몸 한가운데

투명한 뼈 하나 세우고 있다.

---
*오징어를 말릴 때 쓰는 나무 꼬챙이.

매미 2

반짝이는 배를 까고 길바닥에 누워 있는 매미를 보았다.

자세히 보니 잔 개미들이 매미의 몸을 가득 덮고 있었다.

매미의 배에 올라탄 개미의 머리가 햇빛을 받아 반질반질했다.

개미들은 매미의 안에서 밖으로 밖에서 안으로 쉴 새 없이 드나들고 있었다.

어떤 개미들은 성기게 줄지어 매미로부터 어딘가로 주춤주춤 가고 있었다.

상수리나무 가지 위에서 매미 여럿이 차례로 울음을 터뜨리고 있었다.

새와 난간

눈 쌓인 복도 난간 위에 새 발자국이 찍혀 있다.
종종걸음으로 난간 끝까지 걸어간 새
마지막 발자국 옆으로 눈이 흩어져 있다.

십 층 난간에 기대어 서서 바라보면
길 위에 있는 것들이 다 작아 보인다.
작은 것들을 한참 보고 있으면
나도 깃털처럼 가벼워질 것 같다.

눈 사이로 드러난 난간은
작은 날개 모양을 하고 있어
속이 빈 뼈처럼 자잘한 금을 뻗치고 있다.

수근관증후군(手筋管症候群)*

어쩔 수 없는 일이라 생각했다.

왼손으로 오른 손목을 잡고 잠든 날이 있었다. 둥글게 말아 쥔 손 아래서 저릿한 통증이 밤새 손목을 훑고 지나갔다 다시 왔다.

그날 밤 나는 낮아진 맥박을 타고 손목 아래로 내려갔다 고요하고 아름다워라 맥동만 있고 소리는 울리지 않는 손목 속 세상 힘주어 붙잡고 애써 매달리고 안간힘으로 버틸 때마다 무언가 요란하게 이 동굴 속을 무리 지어 날아갔다.

때로 이불을 덮어쓰면 내 안으로 걸어 들어간 것 같았다. 숨소리가 귓가에 더 가깝게 들렸다. 그 소리를 따라 또 천천히 걸어가 보면 섬을 도는 일주도로처럼 팔꿈치에서 어깨, 머리를 지나 반대편 팔로 내려가서 다시 저편 동굴 속에 서 있었다.

그러고 나서 어깨며 팔꿈치, 손목 이곳저곳에 가만히 손대어 보면 내가 내가 아니라 꼭 내 새끼 같았다 지나고 다시 오는 통증도 아련하게 기다릴 수 있었다.

어쩔 수 없는 일이라 생각했다.

---

*손목 터널 증후군이라고도 함.

산책

 당현천 산책로를 따라 백발의 노인이 유모차를 밀고 있다. 천변 언덕 반쯤 개화한 가지를 뻗은 벚나무는 개나리 위로 꽃 그림자를 드리우고 노인의 유모차 안에 담요를 깔고 앉은 흰 개 한 마리 봄바람에 미동도 없이 눈을 감고 있다.

 팔을 높이 추켜들고 잰걸음으로 노인을 추월해 가는 여자, 목줄을 팽팽하게 당기고 앞장서서 걸어가는 개, 물속을 오래 응시하다 한 다리씩 옮겨 다니는 왜가리와 새끼들을 이끌고 저 멀리 물풀 사이로 들어가는 청둥오리, 다리를 모으고 목을 접은 채 훌쩍 날아오르는 쇠백로, 유모차를 짚고 선 노인이 잠시 숨을 고르고 있다.

 언젠가 어디선가 잠을 자듯 숨을 거두는 일처럼 등에 작은 가방을 메고 노인은 이따금 개를 한 번씩 쳐다보며 서로의 안부를 확인하고 있다.

풀빵 이야기

 풀빵 다섯 개 천 원 주문을 하면 얼굴이 긴 노인은 손가락으로 귀를 여러 번 가리키며 일없이 미안한 표정을 지었다. 양은 주전자 주둥이에서 묽은 반죽이 빵틀 위로 떨어지고 굽은 꼬챙이로 뜬 팥소가 올라갔다. 빵틀 안에서 풀빵이 몇 번 뒤집히고 접힌 종이봉투가 벌어지는 동안 아무도 말을 하지 않았다. 빵틀 가에 둥그렇게 가까이 줄지어 선 풀빵들 노르스름한 겉면 아래 팥소가 희미하게 검붉었다. 풀빵 봉투를 받아 들고 뒤돌아서면 빵틀이 제자리를 도는 소리가 귓가에 잠시 맴돌았다. 누렇게 색이 바랜 비닐 창 너머로 노인은 이따금 붉게 상기된 얼굴로 반죽을 치대고 수레를 휘감은 천막 포장이 바람에 부풀었다 다시 가라앉았다. 등나무근린공원 입구를 지나며 풀빵 풀빵 하고 속으로만 말하면 자꾸 헛배가 불러오는 것 같았다. 그새 눅눅해진 종이봉투를 열면 원래부터 한 덩어리였던 것처럼 풀빵들이 합죽하게 입술을 붙이고 있었다.

 당현천 화단에 하얀 수레국화 한 무더기가 피어 있다.

개기월식

백내장에 걸린 슈퍼 집 개의 눈에 오후의 해가 비치고 있습니다. 슈퍼 집 주인이 복수가 찬 개를 안고 천막이 드리운 그늘 안으로 걸어 들어가고 있습니다.

아파트 주차장 입구 두 손을 모으고 아이가 고개를 숙이고 있습니다. 아이의 발아래 흰 페인트가 사람 모양을 그리고 있습니다. 흰 사람 위로 아이의 그림자가 겹쳐져 있습니다.

횡단보도 흰 선만 밟고 길을 건넌 날이 있습니다.

천장(天葬)

외줄에 몸을 묶은 철근이 떠오르고 있다.
허공에 뜬 철근은 원을 그리고 있다.
방음벽 안 가득한 천공기 소리
노을이 인도하는 길을 따라
적신(赤身)이 떠가고 있다.

배를 들이는 선개교(旋開橋)*
크레인이 몸을 열고
일몰을 맞이하고 있다.

옥수동 산에
십자가 하나 세워지고 있다.

---

*선개교((旋開橋): 배가 지나갈 수 있도록 수평으로 회전킬 수 있게 한 다리.

감자 파는 남자

소쿠리 안에 들어앉은 감자
파라솔 아래서 볕을 피하고 있네

맞은편 담벼락에 붙어선 남자
모자를 벗어 부채질을 하고 있네

뺨에 깊게 팬 곰보 자국이
햇빛에 번들거리고 있네

옆구리를 긁으며
담배 연기를 피워 올리는 남자

담벼락 위 꽃 진 개나리
팔을 휘휘 젓고 있네

파라솔 아래 햇살을 닮은
민들레 홀씨 폴폴 날아들고

소쿠리 안에서 감자가
싹을 틔우고 있네

리어카

언젠가 저 리어카에 단칸방 이삿짐을 싣고
언덕을 올라간 적이 있네

한 발 내딛는 발걸음 따라
한 살림이 출렁이며 따라왔네

이삿짐이든, 과일 상자든, 종이상자든
남의 집 살림 싣고
평생 뒤따르던 리어카

전봇대를 등지고 꼼짝 않고 서 있네
모서리마다 까슬한 가시 세우고
배를 댄 합판이 다 뒤틀려 있네

꼿꼿이 하늘을 향한 쇠 손잡이
전봇대에 에둘러 쳐진 사슬이
햇빛 속에서 반짝이고 있네

폐업

물 빠진 수족관 안 고무호스가
제 속의 어둠을 똬리 틀고 있다.
숨통이 죄이는 어둠
뜰채의 그물눈이 옆으로
죽은 물고기 비늘처럼 반짝이고
제 속을 모두 쏟아낸 소주병도
앓아눕고
광어, 농어, 우럭, 참돔
시세표를 세워 놓고 있다.
비린내도 다 떠나버린 활어회 수산
수족관 유리 벽에
인(人)자로 금이 가 있다.

오후의 농구장

1.

골대 그림자가 농구장 위에 누워 있다. 골대의 그물은 땋은 머리처럼 가지런하다. 저 둥그런 얼굴을 드나들었을 숱한 마음들을 생각한다. 큰 소리로 와 부딪고, 둘레를 서성이다 가고, 때로 쉽게 통과해 지나갔을 그곳에 동그랗게 햇빛이 담겨 있다. 바람이 불 때마다 땋은 머리가 소리 없이 흔들리고 있다.

2.

농구장 위에는 네모와 동그라미가 크게 펼쳐져 있다. 흰 선과 노란 선 위로 개미들이 자신의 머리를 흔들며 어딘가로 가고 있다. 부러진 나뭇가지를 피해, 모래 알갱이를 넘어, 마른 나뭇잎 앞에서 멈칫하다 허리가 꺾여 말라붙은 개미를 돌아, 코트 위 오래된 발자국을 밟고 어딘가로 가고 있다.

3.

꽃 진 벚나무에 앉아 있던 직박구리가 허공에 자신의 몸을 길게 던지고 있다. 새 그림자가 빠르게 농구장을 가로지르고 있다. 새가 떠난 나무 그림자가 오래 흔들리고 있다.

제2부

귀가

 시소가 기운 쪽으로 저녁의 햇빛이 길게 몸을 누이고 있습니다. 미끄럼틀 끝에는 아직 내려오지 않은 모래가 희미하게 반짝이고, 철봉 아래 매달려 있던 녹(綠)도 아파트 그늘 속으로 몸을 숨기고 있습니다. 군데군데 칠이 벗겨진 난간에 앉았다 일제히 회양목 속으로 들어가는 참새들, 손목을 잡혀 돌아가는 구름도 잔뜩 상기된 얼굴입니다. 혼자 남아 도는 회전뱅뱅이 삐거덕 소리가 아파트 동 간격 사이로 천천히 빠져나가면 1층 어린이집 베란다 아직 돌아가지 않은 아이의 울음소리가 동생처럼 따르고 있습니다.

한낮의 자판기

　공주 시외버스 터미널 버스정류장 육교 아래 자판기 한 대가 서 있네 햇빛이 와닿지 않는 곳 주먹만 하게 뚫린 구멍 속으로 오도카니 어둠을 불러 놓고 있네 제 몸에 붙여 놓은 그림 속에서 커피 두 잔 타 놓고 있네 칠이 벗겨진 옆구리 붉은 녹을 감추지 못하고 있네 발아래 민들레 두 송이 기대어 놓고 떠나는 버스 뒷모습 하루 종일 바라보고 있네 뚜껑이 떨어져 나간 컵 배출구 속에 벌 한 마리 붕붕거리는 오후 그림 속의 커피는 식을 줄을 모르네

경계

아스팔트에 뒷다리가 붙은 흰 개
침이 흘러내리는 턱을 달싹이며
제자리를 맴돌고 있다.

횡단보도 앞 정차한 차들
경적 사이로 부연 매연이
피어오르고 있다.

횡단보도 흰 선 위에 금이 가 있다.
자잘하게 뻗어 나간 잔금들
흰 선 위를 벗어나지 못하고 있다.

개의 흰 털이
사방으로 곤두서 있다.

춤

수챗구멍 거름망 속에 머리카락이 엉켜 있다.

세숫대야를 비울 때마다 발버둥 치는 머리카락

어디로도 흘러가지 못하고 있다.

금호동 우체국 앞 계단

여자가 길 위에 악다구니를 퍼붓고 있다.

여자의 손에 들린 검은 비닐봉지가 공중에서 휘휘 돌고 있다.

유월 하늘 부스스 풀린 여자의 머리 위로

흰 구름이 떠가고 있다.

수채로 내려간 머리카락이 거름망에 걸려 있다.

머리카락을 붙잡고 있는 머리카락

비눗기를 타고 미끈하게 춤을 추고 있다.

창(窓)

창틀 위에 초파리들이
창문 레일을 따라 누워 있다
언제 왔다 언제 다 같이 떠났나
창문을 열지 않고 지낸 며칠 새
기척도 없이
간유리 한 장 너머에서
다 같이 여생을 다한 것들
간유리와 투명한 창 사이
희미하고 투명한 날개들로
까만 먼지와 함께 내려앉아 있다

개나리

간밤에 술을 게워내던 화단에
개나리가 피어 있다.

휘어진 펜스를 따라
몇 놈이나 어울렸는지
속이란 속은 다 열어젖히고 있다.

하고 또 한 이야기
몇 해 전 얽힌 가지
신물이 넘어온다.

이제 그만하자
집에 가자

봄 하늘 낮달
열없이 떠 있다.

간판 없는 분식집

그는 창문이 없는 방에서 잔다.

주방 한편에 난 작은 문을 열면 그의 방이 나온다.

드나들 때마다 고개를 숙여야 하는 방

부식을 쌓아놓은 녹슨 선반 사이가 몸을 누일 곳이다.

간장통과 식용유통, 고추장 봉지들이 서 있는 곳

제조연월일과 유통기한 사이 어디쯤에서 그는 잠이 든다.

두 번 접은 보료와 둘둘 말린 담요가 함께 선반 위에 올려진 곳

작은 나무 액자가 선반 위에서 기약 없이 한 다리로 서 있는 곳

가족사진 속 모든 이들이 메뉴판처럼 항상 웃고 있는 곳

선반 아래 놓인 소주 상자에 빈 병이 더 많이 꽂혀 있는 곳

상자에 들어가지 못하고 바닥에서 뒹구는 빈 병이 있는 곳

이곳의 간판은 오래전에 떨어지고 없다.

잘못 든 길

마른 잎 하나 붙들고
고구마 줄기가 유리잔 속에서
베란다 저편을 향해 가고 있다
잎 떨군 마디마다
몸을 뒤틀고 간 줄기
금 간 유리창처럼
허공에 긴 사선을 긋고 있다
며칠 비운 집
베란다에 난 고구마의 길
잘못 든 길이라 말하지 말자
지나온 길 군데군데 떨어진 잎들
밤낮 제 몸을 그러안고 말라갔을 것이나
자색(紫色) 속잎 하나
새로 올린 줄기 끝 열고 나오고 있나니

고구마의 잔뿌리가
마른 유리잔 속 가득
잡을 수 있는 건 다 붙잡고 있다

은행나무의 밤

은행나무 그림자가 평상 위에 누워 있다.

저물녘 영감들이 앉았던 자리를 등으로 쓸어보고 있다.

빈 소주병을 옆에 끼고 혼자 취해 일어날 줄 모른다.

가로등 불빛 아래 말없이 혼자 뒤척이는 밤

칠이 다 일어난 평상이 반질반질 빛나고 있다.

어디서 애 우는 소리 들린다.

화단 속으로 몸을 숨기는 고양이

흙 위로 올라온 나무뿌리가 잔뜩 등을 세우고 있다.

만우절

어제는 꽃봉오리였는데
오늘은 꽃이 피어 있다.

주공아파트 삼 층까지 올라가
꽃을 틔운 백목련

열한 평 베란다 창을
하얗게 가리고 있다.

재건축 확정
조합장 해임
시공사 교체

현수막 여러 장 늘어져 걸린
만우절 아침

낡은 아파트 외벽은
봄볕에 몸살을 앓고

주차장 흰 선 안으로 벌써
하얗고 큰 꽃 몇 송이 져 있다.

달밤

구름이 걷히자
반점을 드러내는 달

여름밤 아버지
세숫대야에 엉덩이 담그시네

세숫대야에 그득한 각얼음
백열등 아래서
달그락거리며 반짝이네

땀띠가 오돌토돌한 엉덩이에서
달빛처럼 뚝뚝 떨어지는 물방울

사다리를 실은 오토바이에 얹혀
하루 종일 지구를 돌다

정지문 틈으로
하얗게 식어가는 달

동대문

    리어카에 포장을 치고 자동차 배터리로 백열등을 밝힌 포장마차, 불량으로 땡처리한 옷 백 장이 담긴 천 가방을 플라스틱 의자 위에 올려놓고 어머니와 양은 냄비에 끓인 컵라면을 나눠 먹었다. 포장마차의 포장이 들춰질 때마다 찬바람이 들이치고 그럴 때마다 어머니는 가방 위에 가만히 손을 올려놓았다. 부슬부슬 비가 내리는 밤 서문시장으로 가는 새벽 버스를 탈 때까지 손 네 개가 번갈아 옷 가방을 바꿔 들었다. 청평화, 동평화, 신평화 상가 건물을 옮겨 다닐 때마다 옷 가방은 조금씩 무거워졌지만 새벽까지 옷 가방을 바닥에 내려놓지 못했다. 자꾸만 눈시울로 빗방울이 모여들었다. 젖은 아스팔트 위에 어리는 무지개색 기름띠같이, 옷을 펼치고 갤 때마다 떠오르는 옷 먼지같이, 의류 매대 안쪽에 놓인 등받이 없는 간이 의자는 앉을 때마다 뼈마디 닳는 소리를 냈다.

사춘기

외삼촌이 갑자기 찾아와 점심을 굶었는지 라면을 끓여달라고 했다. 엄마가 외갓집에 간 초등학교 5학년 봄이었다. 짜장 라면을 조금 태웠지만 외삼촌은 말도 없이 그릇을 비우고는 천 원을 쥐어주고 급히 나갔다. 얼마 후 경찰 옷을 입지 않은 경찰이라는 남자가 열린 대문으로 들어와 외삼촌에 대해 물었다. 나는 대답 대신 호주머니 안에 든 천 원을 꼭 쥐었다. 마당에서는 병아리들이 이리저리 몰려다니며 쉴 새 없이 울고 있었고, 지붕 위에 있던 고양이 한 마리가 마당으로 뛰어 내려와 그중 한 마리를 낚아채서는 단숨에 다시 지붕 위로 올라갔다. 비명을 지를 새도 없었다. 아무 일도 일어나지 않은 것처럼 병아리들은 또 이리저리 몰려다녔다. 마당 한편에는 겨울을 지낸 검고 둥근 연탄들이 서로 스물두 개의 구멍을 맞대고 쌓여 있었고, 그 옆 화장실 문을 여닫을 때마다 파리들이 쫓겨났다 다시 돌아왔다. 문간방 대학생은 떡볶이를 준다며 일요일에 교회를 가자고 했다. 나는 따라가고 동생은 따라가지 않았다. 갑옷과 방패에 대한 찬송가를 따라 부르며 떡볶이를 기다렸다. 늘 길게 아버지를 부르는 목사님의 축도가 어서 끝나기를 기도했다. 엄마가 외갓집에 간 언젠가는 또 다른 경찰

옷을 입지 않은 경찰이라는 남자가 와서 며칠째 보이지 않는 대학생의 안부를 묻고 갔다. 학교에서 돌아오면 언제부턴가 대문 앞에 갑옷을 입고 방패를 든 전경들이 줄지어 앉아 있었고 떡볶이 냄새가 나는 최루탄이 눈과 코를 맵게 했다. 수도꼭지 아래 눈을 갖다 대고 물을 틀어봐도 눈이 따갑고 시큰거렸다. 그런 날은 수도꼭지를 물고 물을 마셨고 그 어떤 날은 물을 마시고 체하기도 했다. 헛구역질을 하고 나면 눈가에 소독약 냄새가 나는 눈물이 맺혔다. 외할머니는 물 마시다 체하면 산 미꾸라지를 먹어야 한다 했다. 바늘로 열 손가락과 열 발가락 끝을 따고 손가락 발가락 같은 미꾸라지가 목구멍에서 꿈틀거리는 상상을 하며 이불을 덮어쓰고 잠이 들곤 했다.

엇박자

　지하철이 선로의 이음매를 지날 때마다 아래로부터 철컹 소리가 울리고 있습니다. 객차 안 빈 손잡이들은 철컹 소리와 반 박자의 간격을 두고 천장에서 일제히 한 방향으로 몸을 돌리고 있습니다. 휘청이는 몸을 바로 세우며 손수레를 끌고 옆 칸에서 들어오는 남자 한 손에 삼단 우산을 다른 손에 천 원 지폐 몇 장을 펼쳐 쥐고 객차 안을 돌고 있습니다. 객석을 향해 우산을 펼치는 남자 가장자리에 앉은 여자가 뿔테 안경 속의 눈을 감습니다. 남자가 팔을 들어 올려 우산을 세 번 접고 있습니다. 우산 살대 하나가 휘어 우산이 다 접히지 않고 있습니다. 남자의 셔츠 겨드랑이로 동그랗게 땀이 배어 나와 있습니다. 정차역을 앞두고 갑자기 속도를 줄이는 지하철 일제히 열차의 진행 방향으로 쏠리는 몸들이 제자리로 돌아오는 동안 새된 비명과 함께 출입문이 열리고 있습니다. 제자리걸음을 걷던 남자가 수레를 끌고 출입문 밖으로 급히 나가고 있습니다.

고추잠자리

 흘레를 붙은 고추잠자리 한 쌍이 주차장 위를 날아다니고 있다. 차 앞 유리에 툭툭 꼬리를 부딪는 잠자리 파문 하나 일지 않는 유리창 속 하늘에 구름은 아무 일 없다는 듯 물고기처럼 떠가고,

 8층 베란다 창을 뜯어 놓고 난간에 걸친 사다리를 타고 굉음을 내며 장롱이 올라가고 있다. 아랫배가 불룩한 새댁이 허리에 한 손을 짚고 사다리 끝을 쳐다보고 있다. 활짝 열린 이삿짐 트럭 뒷문으로 파란 상자는 알처럼 하나씩 나오고,

 주차장 위로 두 쌍의 날개가 햇빛에 반짝이며 떠 있다. 단풍나무 밑동에 허물을 버리고 올라간 매미가 늦여름 잠자리 부딪는 소리를 쫓아 소리껏 울어 재끼고 있다.

큰 똥을 누는 꿈

엉덩이가 간질간질한 봄날이었어

무덤 위에 앉아 흰나비를 잡으려고 했었지

언젠가 어느 생에선가 내 손가락과 닿았을 법한 긴 더듬이가 까딱했었지

내 엄지와 검지, 그리고 나비의 흰 날개, 딱 그만큼의 거리, 그만큼의 아지랑이가 날아올랐어

그때 절하듯 몸을 웅크리고 큰 똥을 누었어

똥은 이내 똬리를 풀고 뱀이 되어 풀숲으로 사라졌지

뱀이 지나쳐가 누웠다 일어난 풀 사이로 한 걸음 한 걸음 발걸음을 옮겼어

물결쳐 나가는 뱀, 내 한 걸음의 보폭 딱 그만큼의 거리

가고 또 가고 가도 나는 계속 무덤을 휘휘 도는 제자리걸음이었어

오래된 무덤의 한쪽은 누가 베어 문 것같이 패여 있어 웃자란 엉겅퀴 마른 잔뿌리가 다 보였지

무덤의 단면에 손을 대자 오래 말라 있던 흙이 한숨처럼 주르르 흘러내렸지

커피 타임

삿갓봉 근린공원 삼거리 경전철 공사 현장 점등하는 녹색 불에 노인이 길을 건너고 있다. 한 손에 종이컵을 다른 한 손에 검은 비닐봉지를 들고 복공판이 깔린 횡단보도 위를 천천히 걸어가고 있다. 신호등이 적색 불로 바뀌고 노인은 횡단보도 가운데 서서 들고 있던 커피 한 모금을 마신다. 너구리 털이 풍성한 모자 달린 점퍼를 여며 입고, 군인 모자를 눌러 쓰고, 공사로 막힌 차로와 줄지어 정차한 차들 사이에서, 눈치 한번 안 보고, 저 멀리 불암산 한번 바라보다 자동차 경적이 잠시 멈추자 커피 두 모금을 마신다. 하원하는 아이의 손을 잡고 신호등 아래 멈춰선 여자, 요구르트를 실은 수레를 공원 앞에 세워놓고 휴대전화를 쳐다보는 판매원, 도로 가장자리에서 철제 기둥을 들어 올리는 크레인도 공중에서 잠시 멈칫하는 오후 네 시 커피 타임.

자전거 집

 시속 30km 속도제한 생활도로구역 표지판 앞에 작은 트럭이 자전거 집을 차려 놓고 있다. 차 지붕 위에 휠 하나 세우고 자전거 수리, 열쇠 복사 바랜 현수막을 걸어놨다. 고장 난 자전거들이 주인을 태우고 천천히 굴러오는 곳, 더러 주인이 나란히 옆에 서서 함께 걸어오는 곳, 짐칸의 벽을 들어 올려 만든 작은 그늘 아래 방수포를 접어 깔고 자전거 한 대가 누워 있는 곳, 자전거 페달을 돌리는 수리공의 손을 따라 체인에 연결된 뒷바퀴가 달그락거리며 허공을 구르는 곳, 가는 바큇살이 햇빛 속에서 반짝이며 도는 곳, 자전거 튜브가 뭉텅이로 벽에 걸려 축 늘어진 오후 긴 줄을 단 자전거 자물쇠들은 저마다의 비밀을 서넛 품고 단단히 잠겨 있다. 자전거를 맡기고 서 있는 여자의 흰 티셔츠 위로 은행나무 그림자가 바큇살처럼 아른거리고 햇빛 속에서 새로 간 타이어가 윤을 내고 있다.

황하 공갈빵

삼거리 모퉁이에 주차된 트럭이 빛바랜 현수막을 두르고 있다.

육십 년 전통의 황하 공갈빵 누렇게 변색한 아크릴 통 속에 중국식 호떡들이 줄지어 서 있다.

광대뼈 아래가 움푹한 남자 희누런 빵들은 부푼 배 한 쪽이 어딘지 조금씩 꺼져 있다.

열린 콩기름 깡통과 뜯어 놓은 박력분 포대가 트럭 짐칸 위에 기약 없이 서 있다.

흩뿌려진 밀가루 사이로 거무튀튀한 나무 반죽 판, 겉이 벗겨진 우묵한 기름 솥은 속을 식히고 있다.

동그란 벽시계 아래 라디오가 사선으로 길게 안테나를 늘리고 팔에 토시를 한 채 팔짱을 끼고 앉은 남자 손님이 다가오자 고개를 숙이며 일어서고 있다.

라디오에서는 주말까지 보통과 약간 나쁨 사이를 오가며 황사 예보가 한참 흘러나오고 있다.

달콤한 인생

냉장고에서 꺼낸 황도에서
애벌레가 기어 나오고 있다.

벌어진 꼭지 틈으로
쉼 없이 몸과 다리를 놀리며
달콤한 세상으로부터 달아나고 있다.

복숭아 둘레를 맴도는 애벌레
가도 가도 복숭아다.

복숭아밖에 모르는 다리
머리를 내저으며
몸서리치고 있다.

한 생의 낮잠

신발을 벗고

종이상자를 깔고

지팡이를 비스듬히 베고

중평공원 정자에 누운 노인

눈을 깜빡 붙였다 뜨면

팔꿈치에 붙었다 떨어지는

하루살이

한 생

아버지의 방에서

 아버지 수술 전날 고향 집 아버지의 잠자리에 누워 아버지가 되어 봅니다. 옷걸이에 걸린 아버지의 바랜 셔츠와 청바지처럼 나를 벗어놓고 방 한구석에 쌓아놓은 신문을 펼치듯 아버지를 떠올려봅니다. 난생처음 병원 침대에서 밤늦도록 몸을 뒤척이고 있을 아버지 침구에 밴 당신의 냄새로 한껏 가슴을 부풀려 봅니다.

 노래가 좋아 돈을 구해 몰래 상경하던 아버지는 무슨 결심에선지 친구와 함께 삭발을 하고 부산으로 내려가 첫 직장을 잡습니다. 매일 자전거를 타고 항구도시의 전봇대를 오르고 울리지 않는 전화를 연결합니다. 전화기 너머로 아버지의 노랫소리가 들려옵니다. 빙빙 도는 레코드판 위 바늘처럼 꼿꼿이 서서 '폭풍 속의 불장난'*, 밤새 노래를 불러 봅니다.

 학창시절 칠판에 분필로 만화를 그리고 장기자랑을 진행합니다. 칠판에 그려진 개구진 얼굴은 흑백사진 속에서 웃기만 합니다. 어느 날은 흐르는 개울물에 붓을 씻어 수채화도 그립니다. 수채화 속 금오산은 번지는 물감 위에서 곱게 일어서고 있습니다. 덧칠된 산은 어둡고 또 환한 빛을 머금고 있습니다. 나는 노을이 되어 그것을 한참 바라보고 있습니다.

---

*아버지가 젊은 시절 작곡하고 부른 곡.

채소 파는 여자

 중계역 1번 출구 우체통 앞에서 여자가 채소들을 늘어놓고 있다. 대관령 감자 상자가 열리고, 해남 고구마가 흙을 털며 나오고 있다. 가평 대파는 한 단씩 몸을 길게 뻗고, 서산 호박과 양평 오이가 플라스틱 바구니 위로 오르고 있다. 멀리 각지에서 올라온 뿌리와 줄기와 열매가 한데 모이고 있다. 한 번도 열리는 걸 본 적 없는 우체통 앞으로 배달되어 있다. 들꽃무늬 일바지 위에 군 위장복 점퍼를 입고 맨손으로 채소를 가꾸는 여자 쭈그린 몸을 일으킬 때마다 들꽃들이 환하게 피어나고 있다. 에스컬레이터를 타고 지상으로 오르는 잰걸음들 빨간 우체통에 앉은 흰 제비는 날이 저물도록 날아갈 줄을 모르고 자동차 전조등에 비친 검은 비닐봉지가 백 장씩 묶여 반짝이고 있다.

제3부

파꽃

파꽃이 피어 있다
잎의 끝을 열고
둥그렇게 떠오른 잔 꽃들

어디서 왔을까

탱탱한 잎 속이 궁금하다

손을 내밀자
파꽃을 세고 있던 등에*
날아오른다

---

*파리목 등엣과에 속한 곤충.

초파일

불광천변 도로를 따라
연등이 걸려 있다

어린 부처가 손을 들어
하늘을 가리키고 있다

연등 속에 가부좌를 튼 햇빛

연등의 꽃받침이
하늘거리고 있다

기우는 몸을 세우는
조
팝
꽃

옥수동

저물녘 새가 앉았던 자리마다
알이 하나씩 슬어 있다.
유리관 속 오도카니 제 무릎을 감싸 안고
둥지 없는 알은
스스로 제 몸을 덥히고 있다.
부화가 되지 못하는 것들
날개 대신 흑점이 자라고 있다.
흑점으로 알들은
파닥이고 있다.

옥수동 길,
알의 길을 따라 걷는다.
불 켜진 창 하나 골목 안에서 파닥이고 있다.

모기

고무 물통 속에 모기가 떠 있다.
날개와 다리로 지탱하던 몸이
모로 누워 있다.

죽어서도 곧게 펴지지 않는 다리
잔물결을 붙잡고 있다.

바가지로 물을 퍼낸다.
모기는 잘 담기지 않는다.

딸기

딸기와 딸기가 맞닿은 자리마다
딸기가 짓물러져 있다

진물 나는 몸을 핥는
문드러진 혓바닥들

말없이
들큼하고 시큼하다

아버지와 무른 딸기를
나눠 먹은 적이 있었다

금

옥상 바닥에 금이 가 있다.
시멘트 터진 틈을 따라가 보면
끝을 꺾고 나아가다 금세
또다시 끝을 꺾고 있다.

나아간다는 것은
매번 끝을 마주하는 일
꺾인 마디마다 잠시 망설이고는
뒤돌아보지 않고 다시 나아가고 있다.

끝마다 끝내 끝을 보고 있다.

담을 타고 오르는 금들
담 너머 배밭이 펼쳐져 있다.
배나무 가지가 허공을 파고 있다.

쥐며느리들

깨진 벽돌 틈으로 쥐며느리들이 나오고 있다.
주름진 몸을 땅 위에 부려 놓으며
사방팔방 기어가고 있다.

서로의 몸이 닿자
소스라치며 방향을 트는
쥐며느리들

어디든 내가 없는 곳으로!
어디든 내가 없는 곳으로!
어디든 내가 없는 곳으로!

쥐며느리들이 쥐며느리들을 맴돌고 있다.

득음

종이컵 속에 갇힌 파리 한 마리
밤새 종이컵을 들쑤시고 있다.
제가 제소리에 미치는* 밤

끝까지 간다는 것
끝으로 간다는 것

두개골 속을 밤새
파리가 들쑤시고 있다.

---

*영화 〈서편제〉 중 '유봉'의 말.

석류

석류나무 아래 한 사내
운동화 한 짝 들고 서 있네

긴 잎사귀 그늘 속
알알이 붉은빛 머금은 열매

오른발이 허공을 헛디딜 때마다
머리 위에서 까딱이는 운동화
사내의 불콰한 볼살이 실룩이고 있네

골목길 멈춰선 사람들
가지 끝으로 시선이 모이고 있네
하나둘 조금씩 입이 벌어지고 있네

전어

전어 떼가 수족관 안을 맴돌고 있다.
물속으로 늘어뜨려진 전선을 반환하며
줄을 지어 비늘을 번뜩이고 있다.
돌지 않으면 할 일이 없다는 듯
기포기가 쉬지 않고 거품을 내뱉고 있다.

소주병과 잔을 들고 횟집 안을 도는 남자
허리춤에서 열쇠 뭉치가 짤랑거리고 있다.
주인에게 아까 했던 말을 또 하는 남자
형광등에 비친 얼굴이 희번지르르하다.

남자가 허공에다 욕지거리하며
일수 가방에서 돈을 꺼내고 있다.
집게에 한쪽 끝을 집힌 돈다발이
낡은 끝을 펼치며 팔딱거리고 있다.

달과 가로등

언제 저런
환한 시절이 있었나

감나무 가지 끝
달이 익어가고 있다

가로등 속
점멸하는 불빛

하루살이 떼
뒤엉기고 있다

가로등 속 불빛이
돌곰기고 있다

외통수

회전하는 선풍기를 따라
허공에 붙었다 떨어지는
왕끈끈이 리본

사방연속무늬 속 파리 두 마리
벌 한 마리를 둘러싸고 있다.

배를 까고 드러누운 벌
끝을 내밀고 있다.

리본 위에
세 쌍의 날개가 펼쳐져 있다.

선풍기가 날개를 떨며 연신
목 관절을 소리 나게 꺾고 있다.

밥때

분식집 천장에 비닐장갑이 매달려 있다.
비닐장갑은 물이 가득 채워진 채 끝이 묶여
열 손가락을 팽팽하게 펼치고 있다.

비닐장갑에 붙었다 선회 비행하는 파리
비닐장갑이 파리를 부풀려 비추고 있다.

숟가락 안에 오목하게 비친 얼굴을
쳐다보다 빈 숟가락을 빨며
사내가 다리를 떨고 있다.

형광등 사이로 들어간 파리
형광등에 온몸을 부딪고 있다.

유월

해성마트 앞 마을버스 정류장

화분들이 줄지어 서 있다

오롯한 꽃망울을 맺은

남천과 옥잠화, 무늬 비비추

화분 앞에 쪼그리고 앉은 노파

쓸려 내려간 왜바지 위로

마른 등이 드러나 있다

자신이 만든 그늘 속에

꽃나무 화분을 담고 서 있는

버즘나무 가로수 한 그루

보굿 벗겨진 하얀 줄기 위로

소롯이 새잎이 돋고 있다

전생

옹벽 보수 작업장 비탈 아래
제 그림자를 깔고 앉은 사내
비스듬한 챙모자 사이로
라이터 불을 댕기고 있다.

속절없이 무너진 축대처럼
속을 까발리며 오르는 연기
가진 것 전부인 전신(全身)을
허공에 원 없이 부려 놓다가
희끄무레한 제 그림자를 챙겨
보이지 않는 곳으로 가고 있다.
들숨과 날숨의 간극(間隙)으로
전생(前生)을 말없이 쫓고 있다.

비탈을 따라
덤프트럭들이 지나간다.
흙먼지 속으로 흙먼지가 떠오르고 있다.

환장

24시 뼈다귀 해장국집
휴대전화에 한바탕 악다구니를 퍼붓고
여자가 제 잔에 소주를 따르고 있다.
흔들리는 소주잔 속에서
아침 햇살이 울렁증을 앓고 있다.
쩍하고 다리를 벌린 젓가락
양념을 묻힌 채 널브러진 숟가락
터진 옆구리 사이로 연기가 새는
담배를 연신 꼬나물었다 뱉는 여자
해장국집 통창을 지나온 햇빛이
파마머리 속에서 헝클어지고 있다.
뚝배기 속을 들쑤시는 숟가락
우거지를 감고 뼈 하나
몸을 뒤집고 있다.

양지빌라

자신의 발자국 안에서 서성이며
새로 쌓이는 눈 위로
선뜻 한 발 내딛지 못하는 밤

양 손바닥 사이에서
잠시 파닥거리다
이 층까지도 가지 못하는 입김

담배 떨어진 주머니 속을
멋쩍게 뒤적이는 손

빌라 계단 턱마다
속 앓은 얼룩들
붙박여 있다

야생동물보호구역

 전방은 야생동물보호구역 앞서가는 차에서 선루프를 열고 여자가 몸을 일으켜 세우고 있습니다. 양쪽으로 길게 팔을 뻗어 손가락을 벌리고 바람을 맞고 있습니다. 한껏 펼쳐진 여자의 손가락 사이로 바람은 새된 소리를 지르고 표지판 속 사슴뿔처럼 여자의 머리가 바람에 풀리고 있습니다. 낮달은 취한 듯 천천히 차들을 뒤따르고 국도변 달맞이꽃이 줄지어 휘청이고 있습니다. 흰색 실선을 넘어 앞질러 나가는 승용차 뒷유리가 기포로 가득 부풀어 노을에 반짝이고 있습니다. 이곳은 야생동물이 지나가고 있어요. 생태교(橋) 아래로 강한 배기음을 내며 차량들이 줄지어 들어가고 있습니다.

더덕 까는 노인

사당역 환승 통로
쪽진 백발의 노인이
더덕 향을 피워 올리고 있다.

우둘투둘한 머리 아래
제멋대로 웃자란 잔뿌리를 쳐내고
감자 칼로 한 겹씩 불상(佛像)을 깎고 있다.

앉은뱅이 의자에
앉아 절하는 자세로
손톱 밑이 다 까매지도록
켜켜이 낀 흙을 벗겨내고 있다.

멀리
지하철 들어오는 타종 소리
바닥에 펼쳐놓은 보자기 위에
더덕이 하얀 차례탑을 쌓고 있다.

벚꽃과 비닐봉지

벚나무 가지에 비닐봉지가 걸려 있다.
비닐봉지는 제 몸을 찢어
속을 열어 보이고 있다.
저 아닌 것을 담아온 한 생(生)이
반짝이고 있다.
파닥이는 가로등 불빛을
불러 놓고 있다.

비 그치고
점점이 흰 발자국으로 길 떠난 벚꽃
가지 위에 비닐봉지가 피어 있다.

엉겅퀴와 개미

축댓돌 틈에 돋아난 엉겅퀴가 서쪽으로 길게 잎을 뻗고 있습니다. 잎사귀에는 햇빛과 그늘이 함께 앉아 있습니다. 햇빛은 아파트 사이로 내려와 조금 상기된 낯빛입니다. 엉겅퀴 잎사귀의 위에서 아래로 개미가 옮겨가고 있습니다. 개미의 발아래 하늘이 놓이고 붉은 구름이 흐릅니다. 멀리 직박구리가 울어서인지 엉겅퀴 가지가 흔들립니다. 개미는 잠시 발걸음을 멈추고 흔들림과 한 몸이 됩니다. 곧 개미의 발아래 하늘이 중심을 잡습니다.

해설

우리는 아무것도 알지 못하나이다

임지훈(문학평론가)

　시인에게 가장 필요한 것이 무엇이겠느냐 묻는다면 여러 종류의 답변들이 우후죽순으로 쏟아질 것이다. 누군가는 시가 '문자'를 활용하는 예술이라는 점에 착안해 문장을 쓰는 능력이라 답할 것이고, 혹 누군가는 아무리 문장을 잘 쓴다 하여도 그 내면에 깃든 정서가 풍부하지 않으면 아무런 소용이 없다 답하며 정서의 풍요로움을 제시하기도 할 것이다. 거기에 덧붙여 누군가는 시를 쓴다는 행위가 곧 타자와 소통하기 위함이라는 주장을 하며 자신과 타인의 감정을 섬세하게 읽어내는 공감의 능력이 가장 중요한 자질이라 답할 수도 있겠다.
　물론 정답은 없다. 시를 쓴다는 것은 자신이 보고 느낀 바를 언어화하여 내면의 정서를 풀어내는 작업이라는 점에서 공통의 분모를 가진다. 그러나 그 방식에 있어서는 쓰는 이에 따라 크고 작은 차이가 있을 수밖에 없다. '시'란 결국 예술이기에, 개인의 천성과 기질, 지향에 따라 다른 양상이 펼쳐질 수밖에 없는 것이다. 우리는 이를 개별 시인들의 개성이라 논하며 그러한 개성들의 축적을 통해 하나의 거대한 문학사를 완성한다. 결국 문학이란 개별 시인들의 개성이 시간에 따라 누적되고 축적되어 온 역사이면서, 우리가 느낀 바를 온전히 언어로 표현하고자 시도한 응전의 역사이기도 한 셈이다.

그러니 이 답변에는 개인의 취향이나 주관에 따른 순서는 있을지 몰라도 절대적인 기준이란 있을 수 없다. 개별적인 시인들의 시적 세계를 통해 우리가 읽어낼 수 있는 것은 어떤 기준에 대한 것이 아니라, 일상적인 언어로는 충분히 말해질 수 없었던 그 시적 진리의 파편을 일별하는 것이리라. 하지만 그럼에도 불구하고 나는 약간의 단서를 덧붙여 시인에게 있어 가장 중요한 것은 다른 무엇보다 보는 일, 예컨대 '눈'이라고 답하고 싶다. 무언가를 본다는 것은 단순하게는 현상이나 사물을 목격하는 일이라는 점에서 시를 쓰기 위한 기초적인 작업에 해당하면서, 동시에 본다는 행위를 통해 대상과 관계를 맺는다는 점에서 중요하다. 시에 있어 화자가 본 바를 진술한다는 것은 곧 그러한 대상과 나의 내면을 연결짓는 일이므로 더욱 그러하다. 그러한 의미에서 시를 쓰는 일에서 자신이 목격한 세계를 진술하고 묘사하는 행위는 시인이 세계에 언어를 통해 적극적으로 참여하게 만드는 것이고, 그러한 의미에서 '본다'는 행위는 가장 근본적인 시적 계기의 순간이라 할 수 있다.

    엉덩이가 간질간질한 봄날이었어

    무덤 위에 앉아 흰나비를 잡으려고 했었지

    언젠가 어느 생에선가 내 손가락과 닿았을 법한 긴 더듬이가 까딱했었지

    내 엄지와 검지, 그리고 나비의 흰 날개, 딱 그만큼의 거리, 그만큼의 아지랑이가 날아올랐어

    그때 절하듯 몸을 웅크리고 큰 똥을 누었어

    똥은 이내 똬리를 풀고 뱀이 되어 풀숲으로 사라졌지

    뱀이 지나쳐가 누웠다 일어난 풀 사이로 한 걸음 한 걸음 발걸음을 옮겼어

    물결쳐 나가는 뱀과, 내 한 걸음의 보폭 딱 그만큼의 거리

가고 또 가고 가도 나는 계속 무덤을 휘휘 도는 제자리
걸음이었어

오래된 무덤의 한쪽은 누가 베어 문 것같이 패여 있어
웃자란 엉겅퀴 마른 잔뿌리가 다 보였지

무덤의 단면에 손을 대자 오래 말라 있던 흙이 한숨처럼
주르르 흘러내렸지
—「큰 똥을 누는 꿈」 전문

  그러나 많은 시인들은 자신이 본 바를 솔직하게 말하기보다는, 그것을 특수하고도 예외적인 현상인 것처럼 만들기 위해 불필요한 언술을 덧붙이곤 한다. 예컨대, 자신이 본 바의 특수함을 강조함으로써 보다 나은 시가 될 수 있다는 믿음이 오히려 자신이 본 바를 혼탁하게 만드는 것이다. 혹은 자신이 본 바를 부러 꾸미지 않더라도 너무나 상투적인 정서적 진술로 귀결되어 자신의 정서를 잘 풀어내지 못하는 경우가 많다. 이 경우라면 자신이 본 바에서 느낀 바를 정확하게 진술하거나 묘사할 수 있는 능력의 문제이거나 혹은 그러한 불완전함을 차마 감내할 수 없기에 누군가의 언어를 반복함으로써 안정성을 추구하는 행동이라 할 수 있을 것이다. 하지만 그러한 행동은 결과적으로 자신이 목격한 시적 계기의 순간을 비루하

고 상투적인 것으로 전락시키고 만다는 점에서 악수에 가깝다. 중요한 것은 자신이 본 바를 자신의 언어를 통해 비록 불완전하다 할지라도 가감없이 서술하며, 그러한 서술로부터 자신의 내면에 미처 언어화되지 못한 감정적 편린을 풀어내는 일이 바로 서정의 본령이라 말하고 싶다.

그러한 의미에서 진동영의 시는 서정시의 본령에 가깝고자 노력하면서도 다소간 이채로운 모습을 보인다고 할 수 있다. 그의 시 또한 여타의 서정시가 그러하듯 구체적이고 섬세한 관찰에서 출발해 시적 화자의 내면에 깃들어 있던 정서를 자기 외부의 객관적 상관물을 통해 풀어내는 일련의 양식적 흐름을 보이고 있다. 그러나 여기에서 이채로운 것은 그가 좀처럼 자신의 내면에 존재하는 정서를 직접적인 언어로 표출하지 않는다는 점이고, 이는 그가 자신의 정서를 풀어내는 방식이 이미지들의 때로는 병렬적이고 때로는 직렬적인 연결을 통해 해내고 있음을 의미한다. 그렇기에 우리는 그의 시에서, 특히 이미지와 이미지 사이의 행간에서 그가 쓰지 않은 것을 읽어내는 경험을 하게 된다. 마치, 서술되지 않은 정서가 공백의 자리로 남음으로써, 우리는 그 공백으로부터 직접적인 언어 이상의 풍부한 시적 체험을 하게 되는 것이다. 구태여 비유하자면 이러한 방식은 마치 동양화에서 달을 그리지 않음으로써 달을 그려내는, 혹은 이미지들의 병치를 통해 간접적으로 서사성과 메시지를 전달하는 양식과 닮아 있다고 할 수 있을 것이다.

반짝이는 배를 까고 길바닥에 누워 있는 매미를 보았다.

자세히 보니 잔 개미들이 매미의 몸을 가득 덮고 있었다.

매미의 배에 올라탄 개미의 머리가 햇빛을 받아 반질반질했다.

개미들은 매미의 안에서 밖으로 밖에서 안으로 쉴 새 없이 드나들고 있었다.

어떤 개미들은 성기게 줄지어 매미로부터 어딘가로 주춤주춤 가고 있었다.

상수리나무 가지 위에서 매미 여럿이 차례로 울음을 터뜨리고 있었다.

―「매미 2」전문

위에 인용한 작품은 진동영의 시에서 나타나는 특징을 효과적으로 보여주며 그의 시적 양식의 전형을 드러내고 있다. 가장 최초의 순간에서부터 이야기를 시작하자면, 먼저 화자는 일상 속에서 흔히 지나칠 수 있는 작은 사물 혹은 현상을 발견하고 여기에 집중한다. 화자는 그러한 발견으로부터 가능한 자신의 주관적 인식이나 판단 혹은 감정을 배제하고, 자신이 본 바를 가능한 섬세하고 구체적으로 진술하면서 시간의 흐름에 따라 이를 기록한다. 위의 작품에서도 이는 마찬가지로 나타나는데, 작품의 주된 소재라 할 수 있는 '매미'의 모습은 단지 "반짝이는 배를 까고 길바닥에 누워 있는" 단편적인 모습에서 시작한다. 그러나 시간의 흐름에 따라 화자의 눈은 점차 분해되고 해체되는 매미의 모습을 지속적으로 관찰하게 되며, 종래에는 매미의 죽음 너머에 존재하는 자연의 순환의 순간에 이르게 된다. 흡사 구상도(九相圖)를 압축시켜 놓은 것과 같이, 진동영의 시는 사물이나 현상의 단편을 사진과 같이 포착하는 것에서 그치는 것이 아니라 사물과 현상을 둘러싼 시간의 흐름을 언어화하는 것이다.

위에 인용한 작품을 예시로 들자면, 진동영의 시에서 그 흐름은 시간적 순서에 따라 이미지의 형태로 제시된다. 1. 누워 있는 매미. 2. 개미들에 가득 덮힌 매미. 3. 개미에 의해 속까지 파먹힌 모습. 4. 개미에 의해 분해되는 과정. 5. 상수리나무 위 살아 있는 매미들의 모습까지 대략 다섯 가지 정도의 매미의 모습이 그것이다. 이 시는 이러한 매미의 모습을 차곡차곡 겹침으로써 단편적인 매미의 모습들을 한데 겹쳐 복합적이고 다층적인 대상으로 만들어낸다. 여기에는 삶과 죽음이 겹쳐 있으며, 연쇄와 단절이 함께 자리한다. 그렇기에 마지막 연에서 나타나는 울고 있는 매미들의 모습 또한 살아 있다는 사실에서 전달되는 생동감과 같은 일면적인 모습만을 보여주는 것이 아니라, 앞서 누적된 이미지들이 마치 매미의 울음소리와 같이 폭발적으로 터져나오는 것을 발견하게 된다.

그렇기에 우리는 이 시에서 화자가 자신의 정서를 직접적으로 표현하지 않음에도 그가 일련의 감정선을 경험하고 있음을 느끼게 된다. 진술된 이미지들의 다층성은 언어를 통해 한정된 정서 그 이상의 풍부함을 감추고 있기에, 우리는 이 일련의 이미지들의 연쇄 속에서 폭발적인 정서의 범람을 경험하게 되는 것이다. 이처럼 언어로 진술된 것 이상의 진술을 가능하게 만드는 일, 그것이 바로 이미지의 힘이면서 진동영의 시가 지향하는 이미지의 다층화가 이뤄낸 시적 순간이기도 하다. 그리고 여기에서는 또 한 가지 주목해야 하는 지점이 있다. 그것은 바로 일련의 이미지들이 산발적인 것이 아닌 유기성을 가진 것으로 경험할 수 있게 만드는 일종의 계열성이라 할 만한 것이다. 위의 시에서 그것을 찾자면, 우리의 생은 과연 어디에서 와서 어디로 가는가와 같은 존재론적 물음이라 할 수 있으면서, 동시에 죽음이라는 필연 앞에 놓인 유한한 존재가 경험하는 내적인 혼란에 대한 것이라 할 수 있겠다.

비가 내리면 새들은 어디로 가는 것일까?

물웅덩이 위로 떨어지는 빗방울처럼 어디서 작은 부리

로 비 오는 세상 건너편을 두드리고 있을까?

 담벼락에 방울방울 맺힌 빗방울들은 다 어디로 가는 것일까?

 제 몸 가득 비 갠 풍경을 오롯이 담고 그만 그 풍경 속으로 걸어 들어가는 걸까?

 해 질 녘의 구름들은 어디로 몰려가는 것일까?

 하루 치의 소진과 소멸의 빛이 빨려 들어가는 산등성이 너머로 망설임 없이 다음 생을 건너다보는 것일까?

 눈을 깜빡이는 순간에 이 빛들은 다 어디로 가는 것일까?

 한밤중 덜 닫힌 냉장고 문에서 나오는 불빛처럼 어둠 저편으로 간단없이 건너가고 있는 것일까?

 누운 몸을 뒤척일 때 이불이 접혀 말리는 소리는 어디를 향해 가는 것일까?

 취침 등의 불빛이 닿지 않는 사각지대 저 커튼 너머 완전한 어둠 속을 잰걸음으로 걸어가고 있을까?

—「질문들」 전문

시집의 앞쪽에 배치되어 전체적인 분위기를 형성하고 있는 이 시에서, 화자는 자신이 목격한 모든 사물과 현상을 향해 '어디로 가는가'라는 동일한 질문을 반복한다. 질문은 그 대상을 향해 던져지지만, 이것이 다른 대상을 향해서도 동일하게 반복되고 있다는 점에서 화자가 진정 원하는 답은 특정한 사물의 운동에 있는 것이 아니라는 점은 쉽게 유추 가능하다. 따라서, 질문은 특정한 대상이 아닌 존재 일반을 향한 것이며 그 안에서 화자는 자신의 운동에 대한 예감을 욕망하고 있음을 알 수 있다.

그렇기에 화자의 질문은 날아가는 새들과 담벼락에 맺힌 빗방울을 거쳐, 해 질 녘의 구름을 넘어 궁극적으로는 자신의 눈에 쏟아지는 모든 빛들에 이르기까지 그치지 않는다. 질문이 존재 일반을 향해 있다는 점에서, "모든 빛"은 질문의 종착지가 아니며 이것이 끝없는 연쇄 속에서 반복될 것임을 상징하는 시어라고 할 수 있다. 이러한 물음은 앞서 인용했던 「매미 2」와도 상통하는 것으로 우리는 자신의 유한한 생에 언젠가 끝이 오리라는 것은 알지만 그것이 언제일지 혹은 어떤 순간일지는 알 수가 없다. 마치 나무 아래 개미들에 의해 분해되는 매미의 모습에도 산 매미들은 계속해서 번식을 위한 울음을 하는 것처럼 말이다. 그러한 관점에서 「질문들」에서 화자가 던진 물음들을 해석해 보자면, 저 존재들 또한 어디론가 향해 가지만 자신의 끝이 언제 어디인지는 알 수 없는 채로 흘러가고 있다는 동일한 사태 속에 빠져 있음을 알 수 있다. 그러니 이 질문에 대한 답변은 특정한 좌표가 아니라 사태 속에 놓인 우리는 그것을 알 수 없다는 형태가 될 수밖에 없다.

  바로 이것이 진동영의 시를 이채롭게 만드는 지점이다. 무릇 여타의 시인들이 어떠한 초월적 결론을 가정하여 그것에 가까워지고자 노력하는 시간을 유한한 존재의 삶이라 규정하며 그릇되거나 상투적인 구도적 자세를 최상의 것으로 내세우는 것과 달리 진동영의 시는 바로 이 지점에서 그럼에도 앎을 추구하는 자세로 나아간다는 점에서 차이가 있다. 이를 언어화하자면, 세계-내-존재로서의 모든 존재 일반은 자신이 처한 사태를 알지 못하며, 그럼에도 불구하고 끊임없는 운동을 통해 죽음을 향해 나아간다. 그 속에서 알지 못함을 안다는 것은 자신의 존재 기반에 대한 무지가 아니라 그 기반에 대한 앎으로 승화한다. 자신이 '아무것도 알지 못한다는 앎'이야말로 결국 절대적인 앎인 것이다. 바로 이것이 본 시집에서 진동영의 시가 끝없는 물음과 탐구를 통해 도달한 궁극적인 무지, 무지에 대한 지식이라 하여도 과언은 아닐 것이다.

    주차장 바닥에 지렁이가 말라붙어 있다

몸을 둥글게 말고 있다

몸에 난 주름을 따라
나선을 그리며

모기향처럼 타들어 가
오직 저에게 집중한 모양이다

온몸으로 땅을 밀며 한 줄씩 주름을 늘리며

어디서 와서 저의 끝 어디로 사라진 걸까

한나절 내내
흰 주차선 한 칸이 비어 있다

　　　　　　　　　　　　—「지렁이」 전문

　알지 못함에 대한 앎 속에서 존재는 각자의 고투를 통해 운동을 지속한다. 하지만 알고 있는 것이 딱 하나 있다. 모든 유한한 존재는 필연적으로 운동이 종결되는 순간을 맞이하게 된다는 것이다. 궁극적으로, 모든 존재는 죽음을 향해 흘러간다. 다만 자신이 어떤 과정을 거쳐 그것에 다다를지는 알 수가 없는 것이다. 그렇기에 화자는 끊임없이 사물 일반에 대한 관찰을 지속하며 그 과정을 서술하는 것이고, 그러한 서술 속에서 일련의 서사성과 정서적 응축을 작품화할 수 있는 것이리라. 여기에 있어 중요한 것은 모든 존재는 언젠가 죽음을 맞이하게 된다는 허무주의적 답변이 아니다. 중요한 것은 죽은 지렁이가 온몸으로 땅을 밀며 한 줄씩 늘려간 몸의 주름에 가까울 것이다.

하지만 오해해서는 안 되는 것이 있다. 우리가 죽음을 향한 존재임에도 끝없는 운동을 통해 삶을 지속한다는 사실은 적어도 진동영의 시에서는 상투적인 생에 대한 찬가로 귀결되는 것이 아니라는 점이다. 중요한 것은 그러한 죽음 앞에서의 삶의 지속이, 그러한 지속되는 존재들의 연쇄가 세계를 구성한다는 사실이며, 그러한 연쇄 속에서 하나의 죽음은 다른 하나의 지속을 위한 필요 조건이라는 것을 아는 것이다. 그렇기에 하나의 죽음은 단편적인 의미만을 갖는 것이 아니라 다른 한 면을 통해 지속과 연쇄의 의미를 획득할 수 있는 것이며, 그 속에서 세계는 제 몸에 주름이 하나씩 하나씩 늘어가게 되는 것이리라.

    해성마트 앞 마을버스 정류장

    화분들이 줄지어 서 있다

오롯한 꽃망울을 맺은

남천과 옥잠화, 무늬 비비추

화분 앞에 쪼그리고 앉은 노파

쓸려 내려간 왜바지 위로

마른 등이 드러나 있다

자신이 만든 그늘 속에

꽃나무 화분을 담고 서 있는

버즘나무 가로수 한 그루

보굿 벗겨진 하얀 줄기 위로

소롯이 새잎이 돋고 있다
―「유월」 전문

위의 시에서도 하나의 풍경은 결코 하나의 절대적 존재를 통해 구성되는 것이 아니라, 미미하고 유한한 존재들의 연쇄를 통해 구성된다. 그러한 연쇄는 개별적인 이미지 속에서도 풍부한 정서적 운동을 수행하지만, 연쇄를 통해 겹쳐지는 하나의 풍경 속에서 일련의 증폭을 만들어내며 총체적인 정서적 풍경, 정경(情景)을 만들어낸다. 보다 정확하게 말하자면 풍경은 그 자체로는 어떠한 의미도 소유하고 있지 않으나, 진동영이 그려낸 개별 사물들의 삶과 죽음의 흐름을 통해 개별적인 의미와 그것들의 총합을 뛰어넘는 정서적 의미가 창출되는 셈이다.

물론 이러한 진술 또한 무조건적인 정답이라 말할 수는 없을 것이다. 진동영의 시는 그보다 더욱 담백하고도 담담하게 사물들의 지속과 연쇄를 포착하며, 특유의 양식과 화법을 통해 탄탄한 시적 세계를 구성하고 있기 때문이다. 무수히 많은 셔터와 같이 단편적인 이미지들을 포착하고, 이 이미지들을 병치시킴으로써 우리가 속한 세계에 대한 서사를 구성해 내는 것이다. 그 속에서 우리가 자신에 대해 알지 못한다는 무지는 존재 일반에 대한 무지로 전락하는 것이 아니라 오히려 이 세계 속의 모든 존재의 기반이 무지라는 사실에 대한 앎으로, 즉 존재 일반에 대한 절대적 앎으로 변화한다. 그렇기에 진동영이 제시하는 이미지들의 연쇄란 단순한 기록을 넘어 세계의 진리를 일순 목격할 수 있게 만드는 힘이 있다고 말해도 과언은 아닐 것이리라. 여기에서는 직접적인 감정의 언어적 표출이 없다 하여도, 그 공백을 통해 무궁한 정서가 계속해서 피어난다. 우리 또한 그와 같은 세계 내의 존재이기에, 빈자리는 공백의 부피를 초과하는 의미로 피어날 수 있는 것이다.

시인동네 시인선 256

투명한 뼈
ⓒ 진동영

초판 1쇄 인쇄	2025년 7월 7일
초판 1쇄 발행	2025년 7월 14일
지은이	진동영
펴낸이	김석봉
디자인	헤이존
펴낸곳	문학의전당
출판등록	제448-251002012000043호
주소	충북 단양군 적성면 도곡파랑로 178
전화	043-421-1977
전자우편	sbpoem@naver.com

ISBN 979-11-5896-697-3 03810

*이 책의 판권은 지은이와 문학의전당에 있습니다.
*양측의 서면 동의 없는 무단 전재 및 복제를 금합니다.
*잘못 만들어진 책은 바꿔드립니다.